Dr. Carl Russ

Deutsche Bürger und Bauern-Predigten

Eine politische Volksschrift

Dr. Carl Russ

Deutsche Bürger und Bauern-Predigten
Eine politische Volksschrift

ISBN/EAN: 9783743448896

Hergestellt in Europa, USA, Kanada, Australien, Japan

Cover: Foto ©Suzi / pixelio.de

Manufactured and distributed by brebook publishing software (www.brebook.com)

Dr. Carl Russ

Deutsche Bürger und Bauern-Predigten

Deutsche Bürger- und Bauern-Predigten.

Eine politische Volksschrift.

Von

Karl Ruß.

Bromberg.
C. M. Roskowski.
1862.

Vorrede.

Wenn ich in den nachfolgenden Blättern Wahrheiten ausspreche, die fast Jedermann kennt, immer wieder auf denselben Punkt zurückkomme und nichts Neues biete, so wolle dies Niemand meiner kleinen Schrift zum Vorwurf gereichen lassen. Sie ist wahrlich nicht für gelehrte Leute und große Politiker geschrieben, sondern für alles Volk, für Jedermann, der die ernstesten Pflichten und heiligsten Rechte deutscher Staatsbürger, ohne Umschreibungen, betrachten und das, was uns wirklich noth thut, in einfacher Wirklichkeit schauen will.

Könnten nun diese Predigten dazu beitragen, die Begriffe über die allererften und wichtigsten Forderungen und Hoffnungen unseres Volkes hier und da aufzuklären und in den Herzen einiger Leser das ernstliche Streben nach der Einigkeit, Freiheit und Größe unseres schönen

Vaterlandes zur lodernden Flamme zu schüren, dann stände ich ja mit dem aus heißer Liebe zur deutschen Sache entstandenen Büchelchen am Ziel meiner Wünsche. Und dies Ziel läßt hoffentlich die Leser die Fehler der Schrift entschuldigen und freundlich übersehen.

So übergebe ich sie mit freudigem Vertrauen dem ganzen deutschen Volke. O, möchten die einfachen Worte gelesen und beherzigt werden

„Soweit die deutsche Zunge klingt
Und Gott im Himmel Lieder singt!"

Mit diesem Wunsche rufe ich allen meinen Brüdern nah und fern herzliche Grüße zu und weihe diese kleine Volksschrift

Dem allverehrten deutschen Volksmann
Herrn Kreisrichter Schulze-Delitzsch

In Hochachtung und Verehrung

Der Verfasser.

Gott zum Gruß!

Es gab eine Zeit, und sie ist noch gar nicht fern, da wurde jedes offene männliche Wort unterdrückt und Jeder, der es wagte, zum Volke zu sprechen, verfolgt und verketzert. Eine unendlich traurige Zeit. Was galt es, ein deutscher Mann zu sein? O armes, armes Volk, wie tief warst Du erniedrigt! deine besten Männer schmachteten unter feiger Tyrannei und befehdeten in blindem Wahn einander selbst. Deine Jünglinge — o wehe! — die waren nach welscher Mode „blasirt," also abgestumpft und todt für Alles. —

Seit Kurzem ist es anders geworden. Der tiefen schwarzen Nacht ist ein goldener Morgen gefolgt, hoffnungsgolden für das Wohl unseres theuren Vaterlandes. Ja, welche Hindernisse uns auch noch vom Ziele trennen, wir dürfen doch hoffen, daß unser liebes schönes Deutschland endlich einig werde, einig, frei und stark! Des deutschen Schiller hundertjähriger Geburtstag ist zugleich der Auferstehungstag des alten echten Deutschthums gewesen und seine Feier ein heiliges Fest, welches wir das ganze Leben hindurch feiern wollen, als Neugeborne und Neugeschaffene an Herz und Sinn.

Wer wollte noch so erbärmlich sich stellen — denn sein kann es ja Niemand — und sein warmes deutsches, für alles Edle und Schöne schlagende Herz verleugnen? Wer wollte nicht mit uns ein brausendes Vaterlandslied singen und in ein donnerndes Hoch einstimmen? Sollte wirklich noch Jemand kalt und theilnahmlos bleiben, oder gar feige und hinterlistig spötteln können? O, den Elenden müßten wir von Grund der Seele verachten, ihn aber auch bemitleiden, denn der Arme entbehrt ja der heiligsten und erhabensten Güter und der reinsten und beseligendsten Freuden des Lebens.

Meine deutschen Brüder, laßt uns die Eindrücke der alten finstern Zeit gänzlich abschütteln und froh, frisch, fromm und frei ein ganz anderes Leben beginnen. Laßt uns mit Ernst und Würde darnach streben, echte deutsche Männer zu sein, denen nach des alten Vater Arndt Worten: Treue hell vom Auge blitzt und Liebe warm im Herzen sitzt! — Dann können wir der Zukunft ruhig entgegensehen.

Der Himmel verhüte, daß wieder eine Zeit der Schmach, wie die von 1806 über uns hereinbreche, doch, wenn sie käme, würde ihr nicht eine Erhebung wie die von 1813—14 folgen? O gewiß, wie damals im heiligen Eifer Männer und Jünglinge, ja Knaben und edle Frauen zu den Waffen griffen, so würden auch wir es thun, mit derselben Begeisterung wie jene Freiheitskämpfer.

Warum aber, meine Freunde, dürfen wir überhaupt eine solche Befürchtung hegen, warum dürfen wir nicht ganz ruhig, sorgenlos und heiter dem Kommenden entgegen sehen? Wir, die wir im Herzen Europas, das **mächtigste, stärkste** und **größte Volk** der Erde sein könnten —?! o traurigste und bitterste der Antworten — **weil wir nicht einig sind**. Ja, in dem einzigen kleinen Wörtchen liegt unser ganzes unendliches Elend — denn wären wir einig, so wären wir auch stark und frei!!

Drängt sich uns da nicht unwillkürlich die bange Frage auf: wird es denn nie anders werden? Wird uns nicht einst „soweit die deutsche Zunge klingt und Gott im Himmel Lieder singt" Alle ein Geist beseelen, nicht ein Hauch durchglühen, der uns zusammenschmilzt zum großen unbesiegbaren Ganzen? —!!

„Möglich ist's schon, aber wahrscheinlich nicht", sagt eine alte Redensart — wenigstens ist es sehr, sehr schwer. Nur **einen** sichern Weg giebt es, um zu dem großen schönsten Ziele zu gelangen, und das ist der, daß die ganze Masse des deutschen Volkes, sowie jeder Einzelne, es sich klar vor die Seele führt: welch unendlicher, sowohl materieller, wie geistiger Gewinn darin liegt, das heißt mit andern Worten: **welchen Vortheil es dem ganzen Volke, sowie jedem einzelnen Landstrich und jeder einzelnen Person gewähren muß, wenn das ganze Deutsch-**

land in vollständiger Einheit, als ein großes Ganzes dasteht. Daß dann, nur dann erst, Jeder seines vollen Manneswerthes und seiner vollen Manneskraft sich bewußt werden und erfreuen, und dann erst die Rechte vollständig genießen und mit Stolz die Pflichten erfüllen kann, die eine große und mächtige Nation Jedem ihrer Angehörigen gewährt und von ihm fordert.

Sind wir uns hierüber nur erst so recht vollständig klar, und wissen wir ganz bestimmt und genau, was wir in Zukunft von einem einigen und freien Deutschland zu erwarten haben, so findet es sich ganz von selbst, daß Jeder darnach strebt und so viel er es nur vermag, das Seinige dazu thut. —

Ja, meine Freunde, dahin müssen wir kommen, daß wir Alle, Alle, der Bürger, der Handwerker und der Landmann, ganz genau und klar wissen, welch Unterschied zwischen dem in 38 Theile zerschnittenen Apfel und dem ganzen, harten und festen ist, auf den der welsche Hahn loshackt — — welch' Unterschied zwischen den Angehörigen eines armen zerrissenen, mit 38 verschiedenen (gehaltenen und nicht gehaltenen) Verfassungen begabten Reiches und denen eines nach Innen und Außen starken, einheitlichen Landes ist, wie wird es in England und Frankreich erblicken. Und dies, meine werthen Zuhörer, ist das Ziel, das ich mir, gleich vielen Vaterlandsfreunden, gesteckt habe:

Jedermann aus dem Volke das Streben nach den Eigenschaften eines echten deutschen Mannes warm und innig ans Herz zu legen, deutsches Bewußtsein in ihm zu kräftigen.

Die Aufgabe ist wahrlich keine leichte — doch kann warme Liebe zur Sache und Begeisterung für das hohe Ziel zur Erreichung desselben beitragen, so darf ich wohl hoffen, daß ich wenigstens in einigen meiner Zuhörer Keime ausstreuen werde, die vielleicht einst reiche goldene Früchte bringen — — und dann bin ich tausendfach belohnt! —

1. Gleichberechtigung Aller vor dem Gesetze.

Noch in unserer Zeit giebt es Leute, die auf alle anderen Menschen mit so viel Hochmuth und Verachtung herabblicken, als wären sie selber ganz andere Wesen.

Es sei ferne von mir, die ebenso gefährliche wie haltlose Lehre von der Gleichheit aller Menschen in jeder Beziehung verfechten zu wollen, nein, Unterschiede, welche Besitz und Wissen, körperliche und geistige Eigenschaften begründen und die wir Verhältnisse nennen, müssen und werden stets sein. Wie unsinnig und ungerecht ist dagegen die Behauptung, daß zwei nebeneinander geborene menschliche Wesen, gleich im Augenblicke der Geburt so verschieden sein sollen, daß das Eine von vorn=

herein dazu nicht blos bestimmt, sondern auch allein geeignet sei, alle Freuden und Glücksgüter des Lebens zu genießen, während das Andere nur für Trübsal, Noth und Elend geschaffen sein soll! Man lege doch zwei neugeborne Kinder neben einander und nachdem man das Eine seines Flitters und das Andere seiner Lumpen entledigt, wird man schwerlich zu unterscheiden vermögen, welches der hochgeborne Aristokrat und welches die verachtete „Canaille" sei, höchstens würde sich der Unterschied herausstellen, daß das Letztere von der guten Mutter Natur mit einem kräftigern Körper — mit stärkeren Waffen für den harten Kampf des Lebens ausgestattet ist. Und noch mehr. Man lasse beiden Kindern eine ganz gleiche Erziehung angedeihen, behandle sie von Jugend auf ganz gleich und dann sehe man zu, welcher der „Hochgeborenste" und Bevorrechteste ist, welcher den Andern körperlich wie geistig überflügeln wird. — Darum, meine Freunde, wollen wir den schönen Spruch beherzigen:

Genieße, was dir Gott beschieden,

Entbehre gern, was du nicht hast. 2c.

und den Bevorzugten ihre Glücksgüter gönnen — sie bedürfen ihrer wahrlich mehr als wir, das sehen wir ganz unwiderleglich daran, wie schnell ein solcher bis dahin von der Glückssonne Beschienener zu Grunde geht, sobald er durch Unglücksfälle oder eigene Schuld diese seine Stützen verliert. —

Doch nach einer anderen Seite hin wollen und müssen wir diese Ungleichheit betrachten und legen uns zu diesem Zwecke vorläufig einige Fragen vor.

1. Wenn wir an Jemand eine Summe Geldes verliehen haben, ist es da nicht ganz gleich, ob derselbe ein Armer, einer Unseresgleichen, oder ein durch Geburt und Rang hoch über uns Stehender ist? Muß unser Schuldner nicht in dem einen, wie in dem andern Falle seiner Verpflichtung nachkommen?

2. Wenn uns Jemand beleidigt, kränkt uns dies nicht eben so sehr, können und müssen wir nicht ebensowohl Genugthuung verlangen, wenn es ein hochstehender „Vornehmer" ist?

3. Liegt es in irgend welcher Billigkeit und Gerechtigkeit, daß den unteren Volksklassen die Steuern und andern Lasten, welche der Staat von uns fordert, verhältnißmäßig mehr aufgebürdet werden, als den mit allen Glücksgütern ausgestatteten Reichen? Fassen wir die beiden ersten Punkte zusammen. Drängt sich uns da nicht die bittere Frage auf: warum besteht noch immer bei uns die verschiedene, abgesonderte Gerichtsbarkeit? Warum haben wir nicht, der Adlige und der Bürger, der Beamte und der Soldat, Alle, wie einen Gott, so auch ein Gesetz und einen Richter?—? Und dann besonders: ist das Gesetz auch Allen gleich zugänglich?? Die Mißregierung der traurigen zehn

Jahre hat es leider nur zu oft gezeigt, daß dies nicht immer der Fall ist. — Und ferner, abgesehen von der Einfalt und Unwissenheit armer Leute, durch welche der böswilligen Umgehung der Gesetze, leider nur zu sehr und zu oft Spielraum gegeben wird, ist die große Masse unsres Volkes oft über die gewöhnlichsten Rechtsbegriffe so unklar und verwirrt, daß sie in gutmüthiger deutscher Leichtgläubigkeit sich nur zu oft von Betrügern mißbrauchen läßt; dies könnte, dies müßte anders sein. Freilich wäre es ein unendlich schweres Werk, und nur die aufopferndste Liebe wahrer Volksfreunde könnte es ermöglichen, daß Allen, auch den Geringsten, faßlich und verständlich gelehrt würde, was sie zu thun und zu lassen haben, wie sie den aus gröbster Unwissenheit und leider nur gar zu leicht betretenen Weg des Verbrechens, vermeiden und doch des Besitzes mancher erwünschten Güter sich erfreuen könnten. Es ist keine leere Behauptung, daß viele Menschen nur deßhalb, weil sie die verwickelten gesetzlichen Bestimmungen nicht kennen, mit diesen in Kampf gerathen — der dann vielleicht das ganze Leben hindurch währt. —

Keineswegs werde ich behaupten, daß im Allgemeinen — abgesehen von Curhessen und dergleichen — der deutsche Rechtszustand nicht ein durchaus gesicherter sei. Dennoch kann das ganze Volk und jeder einzelne Mensch erst dann zum

Vollgenuß des hohen Glückes einer weisen und gerechten Gesetzgebung gelangen, wenn nicht mehr jedes kleine Vaterländchen seine besondere Verfassung hat, deren Bestimmungen denen des Nachbarstaates oft geradezu widersprechen, obwohl in einer so kurzen Entfernung doch weder die Interessen noch die Begriffe so wesentlich verschieden sein können. Erst dann, wenn wir im ganzem großen Vaterlande, wie unsere schöne reiche Sprache (leider das Einzige), auch eine einzige Gesetzgebung gemeinsam haben, wenn ein starker Fürst als der gewählte Vater eines ganzen großen einigen Volkes dasteht, wenn wir einer kraftvollen Vertretung nach außen uns erfreuen, die auch das Interesse des geringsten Staatsbürgers energisch wahrnimmt, dann werden wir auch in unserer Mitte andere Verhältnisse bekommen, dann werden die einfachen zweckmäßigen Gesetze nimmermehr von dem armen einfältigen Volke gleichsam als Schlingen und Fallstricke angesehen werden, sondern wie Industrie, Ackerbau, Gewerbe, und Handel sich erheben, so wird sich auch Wissen und Wohlstand in den untersten Volksklassen mehr und mehr ausbreiten. Und hiermit wird auch bald der sittliche und moralische Zustand des sogenannten Proletariats, der allerärmsten und geringsten Staatsangehörigen, ein ganz anderer sein, und die Bevölkerung der Zuchthäuser und Gefängnisse wesentlich verringert werden. Man schüttele nicht ungläubig die Köpfe

— nein, nein, Eins folgt aus dem Andern und kein Volk ist so empfänglich für äußere und innere Veredlung, keins kann so leicht gehoben werden und in keinem liegt solch moralischer Halt, wie in unserem deutschen.

Gehen wir nun zur dritten unserer Fragen über. Leider ist es nur zu wahr, daß die Hohen und Großen sich möglichst den Steuern und Abgaben zu entziehen suchen und daß das arme Volk nicht blos den verhältnißmäßig größten und schwersten Theil aller Staatslasten zu tragen hat, sondern daß dasselbe auch seine geringsten Bedürfnisse verhältnißmäßig unendlich theurer bezahlen und höher versteuern muß, als der reiche Mann. Der Begüterte kauft centnerweise aus der ersten Hand, der arme Handwerker muß mit seinen wenigen Lothen die Kaufleute und Krämer bis zur dritten und vierten Hand mit ernähren helfen. Dazu sind gerade die unentbehrlichsten Bedürfnisse — das Salz z. B., hoch genug besteuert und ist also auch hier die Steuerlast für den Armen bedeutend größer. Freilich dürfen wir mit Vertrauen auf unsere Volksvertreter schauen — ich meine die aller deutschen Vaterländer und Ländchen — und hoffen, daß sie männlich und mit Gerechtigkeitssinn dahin streben und dafür kämpfen, daß diese Lasten möglichst gleichmäßig vertheilt werden. — Welchen wesentlichen Einfluß würde das aber allein nicht schon auf die Preise aller Handelsprodukte haben, wenn diese unseligen 38 Scheidewände und Wändchen hinweg geräumt würden und die Erzeugnisse eines deutschen Landstriches frei und ungehindert zu den andern weit entfernten gelangen könnten. Wie müßte dies allein nicht schon unendlich auf Handel und Wandel und auf den Wohlstand der ärmeren Schichten einwirken —! Dem bangen, namenlos traurigen Gefühl, das uns bei der Betrachtung dieser für die Hauptmasse des deutschen Volkes gerade wichtigsten und schmerzlichsten Frage ergreift, können wir vorläufig nur in frommen Wünschen Luft machen, doch wollen wir wahrlich nicht dabei unthätig die Hände in den Schooß legen, sondern Jeder in seiner Weise, das Unserige zur Erfüllung dieser heißen Hoffnungen und gerechten Forderungen thun.

2. Männliche That.

Man sagt, daß der deutsche Michel eine große lange Schlafmütze auf dem Kopfe habe, die ihn stets einschläfere und vor jeder schnellen unüberlegten Handlung bewahre. Etwas Wahres muß wol an dieser Behauptung sein, denn die ganze deutsche Geschichte weiß nur wenige Fälle einer unheilvollen Uebereilung zu erzählen. Aber leider hat sie auch, mindestens die neuere, fast gar keine raschen, kräftigen und männlichen Thaten aufzuwei=

sen. Ob nun der Vortheil des Einen, den Nachtheil des Andern aufzuwiegen vermag, das darf ich wol nicht erst erörtern.

Traurig aber ist es, unendlich traurig, daß wir im ganzen großen Vaterlande nicht einen einzigen Mann haben, der Friedrich dem Großen auch nur ähnelt und daß uns wahrscheinlich die schwere ernste Zukunft vollständig im tiefen ruhigen Schlafe überrumpeln wird. —

Doch wir wollen hier absehen vom großen Allgemeinen und ganz speciell auf das kleine Einzelne eingehen. Gewiß ein Jeder von uns hat einen empfindlichen Punkt, Jeder weiß, wo ihn der Schuh drückt und dennoch zeigt fast Niemand die Thatkraft, dies Drückende genau zu untersuchen und mit Muth und Ausdauer auf seine Ursachen loszugehen und dieselben zu heben. Nein, nein, man legt die Hände, ich will nicht sagen feige, sondern nur gleichgültig in den Schooß — fühlt sich sehr unglücklich, läßt aber dessen ungeachtet ruhig den Dingen ihren Lauf. Dies ist, wie im bürgerlichen, so im öffentlichen Leben, der Sinn der Geschichte von Michels Schlafmütze. Abgesehen nun aber von allen wirklichen Nachtheilen, welche uns diese Schlaffheit bringt, ist dieselbe nicht ein trostloses Armuthszeugniß, das jeden deutschen Mann zwingen müßte, sich vor sich selbst zu schämen — ?! Und welch unsägliches Unheil hat diese erbärmliche weibische Schwäche nicht schon über das deutsche Volk gebracht —!! Auf! auf! darum meine Freunde, werfet die unselige Schlafmütze weit, weit von euch, erhebt und ermannt euch!

„Was aber," höre ich nun von allen Seiten, „was sollen wir thun?" O, sehet euch um, rings erstreckt sich ein weites, weites Feld. Natürlich darf man nicht aus einem Extrem in's andere verfallen, nicht aus That= — in Ruhelosigkeit. Glücklicherweise liegt dies eben nicht in unserem Charakter. So wollen wir denn mit Ruhe, aber auch mit Ernst und Festigkeit, bei dem Kleinen und Einzelnen anfangen. Gleich von vornherein bietet sich uns gar Mancherlei, das uns Gelegenheit giebt, unser deutsches Bewußtsein zu kräftigen, unsere Ansichten auszutauschen und unsere Begriffe zu ordnen und zu befestigen. Wir können zusammentreten zu Gesangvereinen, in welchen wir kernige deutsche Weisen üben und zum Schluß uns aussprechen oder den Worten eines verständigen, wahren Volksfreundes — und die finden wir hoffentlich überall — lauschen. Wir können einen Schützenbund bilden, um uns die, deutschen Männern vor allen Dingen nöthige Wehrhaftigkeit anzueignen. Wir können uns vereinigen als Handwerker, Landwirthe ꝛc. und werden stets Gelegenheit haben und finden, uns gegenseitig und durch klügere Männer darüber zu belehren, was sowol fürs gewöhnliche praktische Leben, für unsern einzelnen Beruf, sowie für uns als deutsche Staatsbürger wahrhaft nöthig ist.

Die Zeit, in welcher dergleichen nicht möglich war, in der man von Spionen und Verbrechen=Hervorsuchern umlauert, befürchten mußte, vielleicht ohne etwas Böses zu ahnen, auf leere Vermuthungen hin, bedroht oder gar gemaßregelt zu werden, ist, Gott sei Dank, vorüber. Wir können zu geselligen, gemeinnützigen und politischen Zwecken uns versammeln, ohne den etwa anwesenden Diener der Obrigkeit als unsern Verderber fürchten zu müssen. Säumt nun also nicht, Freunde, tretet einmüthig, Mann für Mann, in jeder Stadt, in jedem Ort zusammen und zeigt wenigstens, daß ihr darnach streben wollt, der heiß ersehnten Einigkeit und all der daran hängenden heiligen Güter und gerechten Forderungen des deutschen Volkes würdig zu sein. Dann, mit diesem in euch erwachenden Bewußtsein, hat die Macht der finstern Rotte für immer ein Ende. Dann wird sie vergeblich im Dunkeln schleichen, vergeblich die Augen verdrehen und alle ihre Bosheiten und Ränke versuchen — dann wird sie vergeblich danach schmachten, sich ferner vom Schweiße eurer Arbeit zu mästen und unter hartem geistigem und materiellem Drucke euer Mark auszusaugen. Hoffentlich versteht ihr, meine Brüder, wen ich meine, — es liegt ja klar auf der Hand — die pietistischen Heuchler, die euch absichtlich in Finsterniß und Dummheit erhalten möchten, um euch besser „regieren" zu können und die gegen ihre bessere Ueberzeugung auf ihre histo=

rischen Vorrechte pochenden, auf euch nur — wenn möglich — als auf elende Sklaven und Lastthiere herabsehenden Junker.

Ja, dann Freunde, werdet ihr, ihr selbst die einzig unüberwindliche Mauer für unser Vaterland sein, dann werdet ihr tief in euren Männerherzen die Ueberzeugung tragen, daß Niemand und Nichts, keine große glänzende Armee und keine gezogenen Kanonen, so eure theuersten Güter, Weib und Kind, zu schützen vermögen, wie ihr selbst, ihr die Söhne und Männer des Volkes! — Zweifelt da Jemand oder schüttelt den Kopf? O, Männer Deutschlands, leset und beherziget die Geschichte, dann werdet ihr die unumstößliche Ueberzeugung gewinnen, daß kein Napoleon euch mehr zu unterjochen vermag, daß ihr weder vor seinen Kriegsknechten, noch denen eines mit ihm verbündeten russischen Czaren zu erzittern braucht, daß der einzige euch gefährliche Feind nur eure Uneinigkeit ist. Ja, selbst wenn die ganze Welt sich gegen euch verbündete, so könnte sie euch wol durch Uebermacht niederwerfen, doch nimmer ganz unterdrücken, denn ein für seine Freiheit kämpfendes **einiges** Volk ist unüberwindlich —!!

Männlichen Geist und männliche Thaten fordere ich von euch, ihr deutschen Bürger. Wachet und handelt! Täuscht euch nicht; verharret ihr ferner noch weiter in der jämmerlichen Schlaffheit, dann fallt ihr wiederum unter die Thrannei Derjenigen, die euch knechten möchten, die, um diesen Zweck zu erreichen, gern Gemeinschaft mit fremden Eroberern machen würden. — Dafür möge der Himmel uns und unsere Nachkommen für ewige Zeiten bewahren. Aber nimmer kann und wird das geschehen, wenn wir — Jeder in seiner Weise — redlich unsere Pflicht thun, in offenen, unerschrockenen Worten und kräftigen männlichen Thaten. Und dies sei, meine deutschen Brüder, unser fester männlicher Entschluß.

3. Freie Presse.

Im Sommer des Jahres 1848 machte ich eine Entenjagd mit, bei welcher einige jüngere Schützen im Jagdeifer auf die fremden, bäuerlichen Wiesen geriethen. Natürlich ließen sich die in der Nähe arbeitenden Landleute dies nicht so ohne Weiteres gefallen und besonders eine stämmige Frau ging unerschrocken auf die Uebergetretenen los, um sie zu pfänden. Wirklich half da kein Weigern, Bitten und Drohen, sie faßte mit jeder Hand eins der Gewehre und rief den hinter dem Berge ackernden Mann zur Hülfe. Eben als der Bauer spornstreichs gelaufen kam und die beiden Sonntagsjäger schon ihre schönen Doppelflinten verloren glaubten, erlöste sie ein Zauberwort des herankommenden Inspectors. „Warte!" sagte dieser drohend zu der Frau, „ich werde dir den Rentmeister mit der freien Presse auf den Hals schicken, der wird dich kirre machen."

Freie Presse! wie Viele sind unter unsern Landsleuten, meine Freunde, die, wenn sie auch nicht gerade solche verwirrte Begriffe darüber haben, wie jene Bäuerin, sich doch über den Sinn dieses Wortes durchaus nicht klar sind. Vor Allem ist es nöthig, daß Jedermann die Bedeutung der ersten und heiligsten seiner Güter — und dazu gehört besonders die freie Presse — ganz genau kennt. Ein altes lateinisches Sprüchwort sagt: „des Volkes Stimme ist Gottes Stimme," und eben das Recht, in den Zeitungen die wahrste Meinung des Volkes und eines jeden Einzelnen offen und rückhaltslos aussprechen zu dürfen, das ist die freie, von den Fesseln der Censur, das heißt, vom beliebigem Streichen und Verstümmeln ihres Inhaltes, befreite Presse.

Unter Presse versteht man also im Ganzen alle im Druck erscheinenden Bücher und Schriften, und um diese zu überwachen, damit sie nicht unbequeme und unangenehme Wahrheiten im Volke verbreiten, hatte man eine besondere Behörde, die sogenannte Censur, eingesetzt. War hiermit aber nicht eins der wirksamsten Mittel zur Unterdrückung und Knechtung des Volkes in die Hand der herrschenden, oft genug böswilligen, Großen gegeben? Hatten sie es nicht ganz in ihrer Gewalt, jegliche Wahrheit und jeden Nothschrei zu unterdrücken und nur das zum Throne gelangen zu lassen, was ihnen paßte und gutdünkte? —! Welche Wohlthat ist es dagegen, wenn alle Mängel öffentlicher Angelegenheiten dreist und ohne Scheu besprochen werden können, wenn jede Schandthat offen gebrandmarkt und jede edle Handlung gepriesen werden darf, leicht die allgemeine Aufmerksamkeit auf Noth und Elend gelenkt und ebenso Vorschläge und Hülfsmittel zur Abwendung derselben rückhaltslos veröffentlicht werden können. Ja, welche unendliche Wohlthat ist es, wenn Alle, Alle, selbst Könige und Fürsten, noch bei Lebzeiten sich vor dem Richterspruch der öffentlichen Meinung — der freien Presse — beugen und also ihre Handlungsweise darnach einrichten müssen —!

Der größte Theil unsers Vaterlandes erfreut sich dieses hohen Glückes, doch giebt es leider noch Länder und Ländchen in demselben, wo die beschworene Verfassung mit Füßen getreten und dies, sowie viele andere der geheiligten Rechte des Volkes, hart unterdrückt und geknebelt sind. Wie lange dies noch währen darf — wer vermag es zu sagen? —!

Während wir diesen unsern armen deutschen Brüdern mit herzlichem Mitleid und inniger Theilnahme — o könnten wir doch auch mit etwas

Anderem!! — entgegenkommen, wollen wir dies, unser theures Recht, doch auch einmal von anderer Seite betrachten. Jeder, der die redliche Absicht hat, in Wahrheit ein deutscher Mann zu heißen und zu sein, muß darnach streben, sich möglichst über das, was er eigentlich will, zu belehren. Außer dem Vortrage wohlmeinender Patrioten finden wir die Gelegenheit zur Belehrung und Aufklärung nur in guten volksthümlichen Zeitungen und Büchern. Das Erstere, daß Jemand in uneigennütziger Absicht allen seinen Mitbürgern Wahrheit und Licht zugänglich zu machen sucht, beginnt gerade jetzt in größeren Städten in erfreulicher Weise. Dazu jedoch, daß es auf dem platten Lande ebenfalls dahin komme, wird noch wol lange, lange Zeit nöthig sein. Sehen wir uns daher hier nach guten und billigen Volksschriften um; leider, leider giebt es deren gar wenige. Die Regierung Manteuffel-Westphalen verstand es, in den Lokalblättern, wie in ihren Organen überhaupt, allen „Unterthanen" ihre zu Wahrheiten gestempelten Lehren beizubringen.

Leset, meine Freunde, diese Amts- und Landrathsblätter aus den traurigen zehn Jahren; da waren oft gewandte Federn für den Dienst gewonnen — wol meistens gegen ihre Ueberzeugung — die Gottes- (Volks-) Stimme für die Handlungsweise der Mißregierung günstig zu machen; ja, diese gaben sich oft Mühe genug und verstanden es sogar zuweilen, aus ihrem nächtlichen Dunkel enthusiastische Blitze hervorleuchten zu lassen. —

Doch drängen wir die trüben Erinnerungen der Vergangenheit zurück und beschäftigen wir uns lieber mit der Gegenwart. Sollten sich nicht überall geeignete Männer finden, die selbverleugnend und opfermuthig dadurch ihren Mitmenschen die größte Wohlthat erzeigen, daß sie die Quellen der Wahrheit und des Lichtes öffnen — Blätter gründen, die sowol durch ihre Wohlfeilheit, wie durch ihren verständlichen, wahrhaft volksthümlichen Inhalt Jedermann, auch dem Aermsten und Geringsten zugänglich sind —?!!

Keinen größeren Segen und keine größere Wohlthat kann es für das Volk geben, und Nichts, Nichts kann erfolgreicher und sicherer zu dem großen Ziele der deutschen Einigkeit führen, als ein weiser und verständiger Gebrauch der freien Presse, als das liebevolle und muthige Streben, Jedermann die ersten großen Wahrheiten des Lebens zu lehren, Jedermann seine Rechte und Pflichten klar vors Auge zu führen. — Und wo hierzu keine Gelegenheit und kein Kapital (ach, leider hängt ja vom Gelde so gar Manches ab) vorhanden, sollten sich da nicht liebende und edle wahre Volksfreunde finden, die zum Volke sprechen —?! Der Schullehrer im Dorfe zu den Bauern, der Gutsherr zu seinen Leuten und jeder Gebildetere zu den Handwerkern und Bürgern in den Städten. Wahrlich, es lohnt sich dieser Mühe! Keine That, sie möge die edelste und erhabenste des Lebens sein, wird so reiche Früchte bringen, so beseligende Belohnung im Selbstbewußtsein gewähren, wie die einer solchen wahren Menschenliebe. Kein edler Mensch wird Belohnung und Dank für das erwarten, was er aus Nächstenliebe thut und für seine Pflicht hält. Doch im menschlichen Leben kann es kein beglückenderes Gefühl geben, als das, welches ein inniger Blick, ein warmer Händedruck des armen Mannes in uns erregt, der wol weiß, daß er uns das Bewußtsein seiner heiligsten Güter dankt —!!

Und nun noch eine dritte Seite dieser unserer Betrachtung. So hoch und edel das Streben also ist, seine Nebenmenschen zu belehren, so leicht kann es auch zum größten Unheil ausarten. Des Volkes Stimme — Gottes Stimme; wie aber, wenn diese in ihren Begriffen eine ganz unrichtige ist, die einen Menschen, oder irgend Etwas falsch, vielleicht unschuldig verurtheilt —! O, das ist etwas Entsetzliches. Darum, Freunde, laßt uns nimmer das Streben nach Belehrung unterdrücken, doch mit unseren eigenen Ansichten und Meinungen sehr vorsichtig sein. Versteht mich nicht falsch, ich bitte euch nur, stets dann erst euch offen auszusprechen oder gar Andere belehren zu wollen, wenn ihr von der Richtigkeit und Wahrheit eurer

Meinung vollständig überzeugt seid. Es giebt nichts Unheilvolleres und nichts hat schon mehr Unglück und Blutvergießen in der Welt hervorgebracht, als das Bestreben, seine Ansichten — ob nun richtige oder falsche — seinen Nebenmenschen mit Gewalt aufbringen zu wollen. Dies ist ja allein die Ursache der scheußlichsten Bürger- und Bruderkämpfe, der entsetzlichsten Religionskriege gewesen. Wie wir nun also unsere Ueberzeugung gegen Jeden, Freund und Feind, fest und männlich vertheidigen und stets offen und ehrlich nur nach der aus dem innersten Herzen kommenden Meinung handeln wollen, so müssen wir aber die Ueberzeugung Anderer, stets tolerant, d. h. duldsam und gerecht, gelten lassen und achten. Das ist edler deutscher Männer würdig, daß sie im Recht bis auf den Tod ausharren, andrerseits aber auch ihren bittersten Feinden Gerechtigkeit widerfahren lassen.

4. Wissen macht frei.

Nicht wahr, meine Freunde, frei möchten und wollen wir Alle sein, so viel dies nur immer möglich —?! Frei ist nun aber derjenige, der unbehindert das thun und lassen kann, was er will, oder richtiger, der möglichst wenig, in seinem Thun, wie in seinen Bedürfnissen, von Andern abhängt. Nach dieser Ansicht kann eigentlich ganz frei, ganz unabhängig Niemand sein; im allerbesten Falle hängt er dennoch — von seinem Stiefelputzer ab. Je mehr wir nun also nach einer Seite thatkräftig und stark uns zeigen und nach der andern, je wenigere Bedürfnisse wir haben, oder je mehr wir dieselben selbst zu befriedigen wissen, desto freier und selbstständiger stehen wir da. Bei dieser unserer Betrachtung berührt uns nur der letztere Punkt. Wir sehen hier also, daß schon die unterste Stufe des Wissens, das praktische Kennen dieses und jenes Kunstgriffes, uns freier machen kann. Denn wenn z. B. ein Handwerker seinen Genossen um Auskunft über eine Kleinigkeit in seinem Fache bitten muß, hängt er da nicht schon mehr oder weniger von demselben ab, ist er nicht mehr oder weniger unfrei —? Und wie weit erstreckt sich dies nicht im alltäglichen gewöhnlichen Leben? Doch mißversteht mich nicht, meine Freunde. Wir wollen, wie ich schon gesagt, nicht von einem Extrem zum andern, d. h. nicht vom Nichts zur Uebertreibung übergehen. Halten wir in Allem, was wir thun, die richtige Mitte und überlegen wir unsere Handlungen stets vorher ruhig und vernünftig; das ziert den deutschen Bürger und ist seiner würdig.

Man hat die Behauptung aufgestellt, daß wenn dem armen Manne Gelegenheit gegeben würde, Alles zu lernen, er sich in seiner (etwaigen) Gelehrsamkeit höchst unglücklich bei der harten Arbeit fühlen würde. Jedenfalls liegt in dieser Behauptung und Auffassung ein Extrem, eine Uebertreibung, denn wenn der „gewöhnliche" Mann auch nicht die gelehrten Wissenschaften zu studiren braucht, so müßte ihm doch vor allen Dingen die Gelegenheit geboten werden, von dem Wissen, das für's gewöhnliche Leben so sehr nöthig ist, sich möglichst viel aneignen zu können — und das würde ihn wahrlich nicht unglücklich machen. Warum soll, frage ich, der Bürger und Bauer nicht ebenfalls die Grundgesetze und Wahrheiten der Naturwissenschaften kennen, die ihm bei seiner Arbeit und seinen Verrichtungen wahrlich kein unnützer Ballast, d. h. keine überflüssige Last sein würden —? Warum darf, frage ich, die Hauptmasse des Volkes, der eigentliche Kern und die Stütze des Staates, nicht ebenfalls wissen, wie die Zustände des Vaterlandes im Großen und im Kleinen sind —? Man fürchtet vielleicht, daß dann die „Gottesstimme" leicht in einer Weise den Ausschlag geben könnte, die nicht Jedermann erwünscht sein dürfte. — — — Doch nein, nein, die Geschichte — der einzige wahre und klare Spiegel alles Guten und Bösen, das große Buch der Belehrung — sie zeigt uns, daß dies nimmer beim vollen Bewußtsein eines ruhigen, verständigen und gebildeten Volkes, wol aber gar leicht bei den verwirrten Begriffen eines absichtlich verdummten, dann plötzlich erwachenden und in blinde rasende Wuth gerathenden, vorkommen kann. Freilich lassen sich Staatsbürger, die ihrer Rechte und ihres Wollens sich klar bewußt sind, nicht so gefügig „regieren," d. h. gleich einer Maschine, nach Belieben hudeln und pudeln, wie ein armes gedrücktes, eingeschüchtertes und in Finsterniß und Rohheit erhaltenes Volk. Ein Fürst aber, der die Liebe und Achtung seines Volkes besitzt, nur ein solcher steht auf dem unerschütterlichsten Felsen und ist ja doch unendlich glücklicher, freier und mächtiger, als der elende Despot, der inmitten seiner Kanonenschlünde oft genug vor dem festen Blick eines freien Mannes und noch öfter bei dem Gedanken an den Rache=Dolch der Unterdrückten erschrecken muß. Wiederum hat es die Geschichte des italienischen Volkes gelehrt, daß keine Bajonnete und Kanonen den Thrannen wirklich schützen können, daß Nichts wahrer ist, als:

> Nicht Roß, nicht Reisige
> Sichern die steile Höh'
> Wo Fürsten stehn.
> Liebe des Vaterlands,
> Liebe des freien Manns
> Gründen des Herrschers Thron
> Wie Fels im Meer.

Ja, das letzte Stück Weltgeschichte hat den Fürsten wie den Völkern eine gar eindringliche, beherzigenswerthe Lehre gegeben. O, möchten Beide sie sich mit flammender Schrift stets vor Augen und tief im Herzen stehen lassen! —

Auf dem Volksunterricht beruht so recht eigentlich die ganze Wohlfahrt, das geistige und körperliche Wohl und Wehe der Menschheit. Und leider, leider liegt derselbe bei uns nur gar zu sehr im Argen. Hier, gerade hier zeigen sich die Nachwehen der traurigen Mißregierung am aller schmerzhaftesten und tief einschneidendsten. Die „kleine aber mächtige Partei," welche alles Licht und alle gesunde Lebensluft dem armen Volke so recht systematisch — überlegt und regelrecht — entzog und ihm dafür den fauligen Hauch ihrer Frömmelei „octroyirte," welche die armen Kinder Hunderte von unverständlichen, theils sinnlosen Gesangbuchsversen und ganze lange Bibelkapitel auswendig lernen, dagegen Unzählige von ihnen, fast ohne Begriff von den allerersten Elementarwissenschaften, vom Lesen, Schreiben und Rechnen, einsegnen ließ, die hat es auch verstanden, den Lebensnerv der Volksschullehrer zu knicken und ihnen für lange, lange Zeit den Sonnenstrahl einer naturgemäßen Anschauung zu verkümmern. Und nicht allein moralisch, sondern auch physisch, nicht allein die Seele, sondern auch den Körper suchte diese Partei zu brechen, ihn krank zu machen, um ihn im dumpfen Siechthum desto unumschränkter beherrschen und knechten zu können. — Ach, hier ist unendlich viel zu helfen und zu fördern. Ich berufe mich auf das Ehrgefühl und den Stolz des Volkes, das in seiner Intelligenz, in seiner Bildung und im Bewußtsein seines Selbstwerthes in der ersten Reihe der Nationen stehen will und **fordere**, daß die Lage und Stellung seiner Volksschullehrer, Derjenigen, in deren Händen und auf deren Schultern das Wohl und Wehe des Volkes liegt, endlich geändert und ihrem hohen Berufe gemäß verbessert werde!!

Und nicht wahr, meine Freunde, ihr Alle, Alle, ohne Ausnahme, stimmt ein mit mir in diesen Ruf nach Gerechtigkeit und Billigkeit, in diese Forderung, die unser Aller wahres Glück erheischt —?!

5. Die festeste Mauer.

Nichts spricht allen göttlichen und menschlichen Gesetzen so Hohn, nichts bringt dem ganzen Menschengeschlechte mehr Verderben und Unheil, als der Krieg und bennoch ist er gewesen, seit es Menschen gab und wird — trotz aller Friedensapostel — sein, so lange Menschen athmen. Welch schmerzliches Gefühl muß aber nicht das Herz jedes Menschenfreundes ergreifen bei der Betrachtung, daß diese ungeheure Anzahl junger kräftiger Leute Jahre hindurch — ja die besten Jahre ihres Lebens — nur darauf eingeübt werden, wie sie möglichst viele Ihresgleichen vertilgen können;

daß alle die glänzenden — immer und immer mehr vervollkommneten — Werkzeuge und Maschinen gar keine andere Bestimmung haben, als die, Menschen und ihre Werke zu zerstöten und zu vernichten —!!

Könnte und würde diese unendliche Masse von Geld, Geist und Kraft für Zwecke der Industrie, der Künste und Gewerbe verwendet, könnten die Kanonen in Maschinen des Friedens, die Soldaten in fleißige Arbeiter verwandelt werden, wie anders würde es dann in der Welt aussehen! Und dennoch geht es nicht, kann es nicht sein — weil es dem gekrönten Ruhestörer dort einfällt, der ganzen Welt Schach zu bieten und weil es dergleichen Störenfriede stets gegeben hat und immer geben wird.

Etwas könnte und müßte hier aber dennoch geändert werden. Gehen wir nämlich von dem Gesichtspunkte aus, daß wir, außer mit den friedlichen Waffen der Arbeit, Kunst und Wissenschaft, nimmer irgend etwas erobern wollen, so drängt sich uns unwillkürlich die ernste Frage auf: dürfen und können wir nicht selbst, die Bürger und Söhne des Landes, die Grenzen desselben schützen?? Man mißverstehe mich nicht — ich will nicht etwa die Behauptung aufstellen, daß die Soldaten keine Söhne des Volks mehr seien. Nein, trotz ihres bunten Rockes und trotz der Disciplin, die leider nur zu sehr darauf berechnet ist — und bei fast keinem intelligenten Volke in so hohem Maaße wie gerade in unserm lieben Deutschland — diesen Männern und Jünglingen ihr Selbstbewußtsein und ihre Selbstständigkeit völlig zu ertödten und sie zu willenlosen Maschinen zu machen, trotzdem fühlen sie sich als Kinder und Angehörige des Volkes. Sie wissen auch, daß, wie der Kern und und die eigentliche Stärke eines Volkes in seinen intelligenten Bürgern und Bauern liegt, so die einer Armee offenbar nicht in den wenigen hochadligen Officieren. Doch zurück zu unserer Frage. Warum soll und muß denn durchaus nur ein Theil des Volkes, ein „stehendes Heer," die Aufgabe der Vaterlandsvertheidigung haben, warum können wir nicht Alle, Alle, ohne Ausnahme, Theil haben an dem Schutze unserer theuersten Güter, an der Vertheidigung von Weib und Kind? Wird und kann diese irgend Jemand besser schützen, freudiger und furchtloser für sie sterben, als wir, wir selbst?! O Fürsten und Völker, beherzigt die große Wahrheit, daß nur das für seinen eigenen Heerd kämpfende, einige Volk unüberwindlich ist; daß dasselbe — noch einmal, wol niedergeworfen, aber nimmer ganz unterjocht werden kann. —

Leider folgert sich hieraus für uns vorläufig nur wenig, denn die großen Heere sind einmal da, ihre Nothwendigkeit scheint einmal unumstößlich festzustehen und ist insofern auch begründet, da, wenn uns Jemand drohend die Faust entgegenhält, wir ohne eine gleiche Demonstration, oder ohne Hände überhaupt, doch jedenfalls befürchten müssen, in jedem Augenblick einen Nasenstüber zu erhalten. Dies — die furchterweckensollende und zugleich furchtsame gegenseitige Bedrohung — ist das richtigste Bild der stehenden Heere. Dennoch müssen wir auch diesem Uebel gegenüber wenigstens etwas thun. Und zwar mit Ernst und Eifer, doch vor allen Dingen mit Ruhe und ohne Ueberstürzung. Nach zwei Seiten hin bietet sich unserer Thätigkeit ein Feld und thun wir redlich und männlich das Unsrige, so dürfen wir hoffen, daß diese kostspieligste und traurigste Nothwendigkeit vielleicht bald mehr und mehr das werde, was sie überhaupt nur hätte sein sollen, eine Spielerei finsterer Despoten (Gewalthaber). So wollen wir nun also einerseits uns selbst und andrerseits unsere Kinder, unsere Nachkommen, wehrhaft und fähig für einen etwa kommenden Krieg machen. Dies ist aber, besonders für uns selbst, eine schwere Aufgabe und nimmer könnten wir auf dem bisherigen Wege, der matten schläfrigen Schützengilden dahin gelangen. Nein, wir müssen wieder, wie im Jahre 1848, zu ordentlichen Wehren zusammentreten und mit Liebe und Lust und Ausdauer uns die Erfordernisse bewährter Männer anzueignen suchen. Man lächle nicht in Erinnerung der damaligen Bürgerwehrzeit. O, bedenkt nur, Männer Deutschlands, könntet ihr es dahin bringen, daß ihr auch nur ein Drittel der deutschen Soldaten zu ersetzen vermöget, welch unendlich segenbringender Gewinn läge schon darin!

Doch ich sehe schon, ich predige tauben Ohren — Bürgerwehr will Niemand mehr spielen. Und doch, meine Freunde, gehört das Recht, Waffen tragen zu dürfen, und die Pflicht, sie zu gebrauchen, gerade zu den unveräußerlichsten Rechten und Pflichten freier Männer. Solltet ihr daher nicht ein solches Heiligthum mit Stolz wahren und wenigstens Schützenvereine bilden, in denen ihr euch in echter deutscher Gesinnung stärkt und euch wenigstens die Fertigkeit erwerbet, die ihr braucht, um, wenn es einmal nöthig ist, fremde Unterdrücker zum Lande hinaus zu werfen. Und noch weit ernster, meine Brüder, tritt uns unsere Pflicht in Bezug auf die Jugend entgegen. Bedenkt, daß das, was man von Kindheit auf, also spielend lernt, nicht nur am leichtesten, sondern auch am gründlichsten unser Eigenthum wird. Warum sollen eure Knaben also nicht täglich eine Stunde oder wöchentlich zwei Nachmittage für das übrig haben, was für's Leben so nöthig ist und das sie fast Alle doch einst lernen müssen —? O glaubt nur, nicht blos die körperliche Gewandtheit wird dadurch ausgebildet und die Gesundheit gestärkt und gekräftigt, sondern der Hauptgewinn liegt gerade darin, daß durch das Bewußtsein: du bist schon jetzt ein Mitglied der deutschen Vater-

3*

landsvertheidiger, die Liebe zum Vaterlande, das Streben nach allem Hohen und Edlen in der Brust des Knaben mächtig erweckt und gefördert wird. —

Andere Länder sind hierin schon lange vorgeschritten. So feiert die Schweiz jährlich große Knabenschützenfeste, an denen sich Alt und Jung betheiligt und die daher nicht blos das Streben der Jugend nach Geschicklichkeit und Tüchtigkeit anspornen, sondern zugleich als große allgemeine Volksfeste ein kraftvolles Nationalbewußtsein hervorrufen und befestigen, das uns Deutschen leider nur zu sehr mangelt. —

Hier zeigt sich der deutsche Michel mal so recht in seinem Glanze. Schon längst und vielfach ist es von den gelesensten Zeitschriften angeregt und auf die Nothwendigkeit aufmerksam gemacht worden, daß man allerorts die Knaben durch Unterofficiere oder alte Soldaten exercieren und ihnen überhaupt, so weit dies thunlich, Unterricht im Kriegshandwerk ertheilen lasse. Die einflußreichsten Männer haben darauf hingewiesen, daß dies zweckmäßig, nothwendig und unbedingt nützlicher sei, als das unendlich viele Auswendiglernen aus der Bibel und dennoch ist noch fast nirgends ein Anfang hierin gemacht, dennoch — schläft der Michel ruhig, ungestört und unbesorgt. Und doch, wie unendlich wichtig ist das! Bedenkt, deutsche Bürger, daß dadurch nicht vielleicht, sondern gewiß, nach und nach die ganze ungeheure Last — die eigentlichste Landplage — die stehenden Heere, unnöthig werden können; bedenkt, daß wenn ihr dieser Aussicht gegenüber that- und kraftlos bleibt, ihr wahrlich nicht werth seid, deutsche Männer zu heißen, sondern euch des Namens schämen müßt.

Auf also! überall, in jeder Stadt, in jedem Dorfe! doch keine Spielerei, sondern ein ernstes, folgenschweres Werk haben wir vor uns und dies dürfen wir nimmer vergessen. Und was kann hier jeder Einzelne thun, besonders die Lehrer und die jungen, eben heimgekehrten Soldaten! Das Opfer der wenigen Stunden wird ihnen reichlich ersetzt und belohnt werden durch das Bewußtsein, redlich das Ihrige dazu gethan zu haben, daß Deutschlands Jugend einst die felsenfeste Mauer gegen jeden Angriff fremder Eroberer sein werde. —

6. Die Demokraten.

Es war in der ersten Zeit nach dem Wiedererwachen des deutschen Volkes, als in einer Gesellschaft das Gespräch um den Begriff Demokrat sich drehte. Man sprach damals das Wort zwar schon offen aus, allein einige anwesende Beamte, so rechte Acten- und Polizeiwürmer, konnten sich doch eines unwillkürlichen Schauers nicht erwehren. Nachdem man viel darüber hin- und hergeredet, diese und jene Erklärung über seinen ganzen Umfang gegeben hatte, nahm ein junger Mann, der bis dahin schweigend zugehört, das Wort. Meine Herren, sagte er, wir haben nun also gehört, daß wir unter einem Demokraten Jemand verstehen, der sich das Wohl und Wehe des Volkes, der Gesammtheit und besonders der sogenannten „gemeinen Leute," angelegen sein läßt, der, im wahren Sinne des Wortes, ein Volksfreund, sein Streben und Wirken auf Verbesserung der Lage der ärmeren Klassen, auf Abstellung öffentlicher Uebelstände und Verbreitung von Wahrheit und Licht gerichtet hat. Meine Herrn, ich will ihnen, kurz und bündig, den ersten Charakterzug eines echten Demokraten bezeichnen — er begann mit kräftiger reiner Baßstimme das Lied: Ueb' immer Tren' und Redlichkeit ꝛc. Und siehe da! sie stimmten Alle ohne Ausnahme ein, sie waren oder wollten Alle Demokraten sein. —

Ja, so gefürchtet, gehaßt und gemaßregelt jeder Träger dieses Namens in der Jammerzeit auch war, so hoch erhaben und leuchtend steht in Wahrheit der Begriff Demokrat: Volksfreund da. Seht, meine Freunde, der größte und edelste Demokrat der Welt war Jesus Christus, der seine Liebe und Freundschaft für das Volk mit dem

Kreuzestode besiegelte. O, schrecke Niemand vor
dieser Behauptung zurück; die erhabene Lehre
der christlichen Religion: die Liebe, ist
gerade der Inbegriff der Demokratie. Du
sollst beinen Nächsten lieben wie dich selbst —
das muß die Richtschnur sein der ganzen Hand=
lungsweise desjenigen, der ein wahrer Volksfreund
sein will. —

Wie jämmerlich ist es, wenn die vor jedem
reinen Lufthauch, vor jedem Sonnenstrahl zu=
sammenschreckende kleine Partei in jedem Manne,
der sich der Sache des Volkes annimmt, einen
„gefährlichen Menschen" erblickt. Wenn sie —
im besten Falle — stets ehrgeizige und selbstsüch=
tige Absichten bei dem voraussetzt, der seinen Mit=
menschen nützlich zu sein strebt. Wenn sie gleich
Verschwörung, Revolution und rothe Republik
hinter jedem offenen Manneswort wittert, oder
wenigstens andere Leute an solche Gespenster glau=
ben machen will. — O deutsches Volk, ihr Alle,
Hoch und Gering, lernt doch die Wahrheit vom
Truge, das Wirkliche vom Schein unterscheiden.
Sehet, wer ist euer wirklicher wahrer Freund,
derjenige, der sich so viel wie möglich den Steuern
und Lasten zu entziehen und sie desto härter auf
eure Schultern zu wälzen sucht; derjenige, der
euch in Dummheit, Finsterniß und Rohheit er=
halten will, damit ihr nur ja nicht eurer heiligen
Rechte euch bewußt und barnach lüstern werdet;

derjenige, der sogar eure Religion — das, was den Menschen erheben und veredeln, zum Ebenbilde Gottes machen, ihn aber auch unendlich herabwürdigen und tief unter das Vieh erniedrigen kann — dazu auszubeuten sucht, um euch unter seiner Botmäßigkeit, in seiner Gewalt zu haben, oder der, welcher euch zum Genusse eurer Menschenrechte verhelfen, der euch die Wahrheit von Trug und Lüge, das Recht vom Unrecht unterscheiden lehren will und der, soviel er es vermag, dahin strebt, daß Glück und Wohlstand bei euch einkehren —?! (Weshalb man ja auch damals die Demokraten spottweise Volksbeglücker nannte.) Seht, Freunde, steht dieser Letztere nicht unter allen Umständen euch näher und ist euer Freund, selbst wenn er dies Alles nicht in reiner uneigennütziger Absicht thun sollte? Ja, selbst wenn er ein schlechter Mensch wäre, der zu selbstsüchtigen Zwecken euer Vertrauen ausbeuten wollte, so habt ihr wahrlich doch noch unendlich mehr Ursache, auf seine Worte zu hören und seine Rathschläge zu beherzigen, als die derjenigen, die von vornherein auf euch herabblicken, euch als „gemeinen Pöbel" ansehen und mit euch überhaupt nur dann in Berührung kommen wollen, wenn sie euch brauchen.

Doch was könnte denn auch wol die Männer, die sich euch ganz gleichstellen und, wie jener hochstehende, mit allen Glücksgütern gesegnete Volksfreund, es sich zur Ehre machen, zur „verachteten

Canaille" zu gehören, dazu bewegen, für euch und eure Rechte zu kämpfen, euch ihre Zeit und ihre Thätigkeit zu widmen —? Könnte sie etwa die Aussicht auf euren Dank oder gar die — auf ein Amt in dem demnächstigen Revolutionsreiche dazu reizen? Hoffentlich denkt an dergleichen Unsinn jetzt kein Mensch mehr und, offen gesagt, auf den Dank des Volkes zu bauen, dazu ist auch Niemand mehr einfältig genug. — Nur das eigene Bewußtsein und hier und da der Händedruck und der dankende Blick eines armen Mannes kann den Volksfreund belohnen und entschädigen für das überreichlich Bittere, das seine Lebensaufgabe ihm bringt. —

Recht innig bitte ich euch darum, meine Brüder, machet euren besten Freunden das Leben nicht absichtlich noch schwerer. Kommt ihnen entgegen, laßt euch wenigstens belehren und seid fügsam und bereitwillig, da wo es euer Wohl und Glück gilt. Der schwerste und mühevollste Beruf des Lebens ist der eines Lehrers. Betrachtet es nur im rechten Lichte, dann werdet ihr das selbst einsehen. Er muß mit unendlichster Geduld einen unglaublich harten Kampf gegen Finsterniß, Bosheit und Schlaffheit führen, er muß erwecken und anregen, strafen und ermuntern, lehren und berichtigen, Alles zugleich und dafür hat er — der größte Wohlthäter des Lebens — oft nur schwärzesten Undank zum Lohn, denn er wird häufig verkannt und gar gehaßt von vielen seiner Schüler. Und so ist es, da wo der arme Dorfschulmeister sich mit dem ABC abplagt, wie dort, wo der Demokrat gegen Aberglauben, Frömmelei und Sclavensinn eifert. Es liegt sonst gar nicht im deutschen Charakter, aber die zehn Jahre der Lüge und Heuchelei haben Mißtrauen und Falschheit genug gesäet und leider begegnen wir diesem Unkraut überall. Wie doppelt schwer ist da der Stand dessen, der als Arzt und Helfer naht, der gern die Schäden des Ganzen, wie die Schmerzen des Einzelnen heilen möchte! Da mag er sprechen und predigen und predigen so viel er will, man glaubt ihm nicht, man beargwöhnt ihn, denn es muß ja doch irgend eine selbstsüchtige Absicht dahinter stecken. Oder, noch ärger, man thut sehr überzeugt und folgsam und nachher verspottet und verlacht man ihn. — So recht schmerzlich und weh durchzuckt es mir die Brust, wenn ich daran denke, daß gerade in dieser Weise mancher gute Wille für immer gelähmt und vernichtet wird, daß schon so manches für alles Gute und Edle schlagende Herz mit bitteren Gefühlen erfüllt und für immer zurückgeschreckt wurde — weil es sich nicht über den Undank derer zu erheben vermochte, für deren Wohl es so warm und innig schlug. —

Deutsche Brüder, habt Vertrauen zu denen, die euch unter dem Banner des Fortschritts nahen.

7. Die Demokraten.
Fortsetzung.

Ja, meine Freunde, habt Vertrauen zu euch selbst. Weg, weit fort die Michelmütze, empor zu kräftigen Thaten, frisch und muthig an das große Werk: Deutschland einig! Deutschland stark! Deutschland frei! Vor allen Dingen müßt ihr Männer sein — denn mit dem Unterrock verträgt sich schlechterdings unser Wort nicht. Ihr müßt in Allem, was ihr beginnt, männlich, das heißt fest und stark, offen und ehrlich, treu und redlich euch zeigen. Ihr müßt für jeden Freund offen und kühn die Stirn, für jeden Unglücklichen ein warmes, mitfühlendes Herz haben. Ihr dürft weder jemals vor Schmerz, noch vor dem Tode erzittern, in eurem Rechte vor keiner Macht zurückweichen und euch nur vor Gott und dem liebenden Weibe beugen. Ihr müßt euren Fürsten ehrerbietig und rücksichtsvoll, aber offen und männlich ins Auge schauen und nimmer euch vor ihrem Blick knechtisch und sclavisch im Staube wälzen. Ein Mann, ein Wort — sei euer Wahlspruch; ein Mann, ernst, kräftig und rechtschaffen; ein Wort, bedacht, wahr und heilig. Und damit das redliche ernste Streben verbunden, vorwärts zu schreiten — euch in jeder Weise, in eurem Stande und Beruf, sowie in allen öffentlichen und bürgerlichen Angelegenheiten mehr auszubilden, damit euer Urtheil ein freies, unbeirrtes und richtiges sein kann. Seht, Freunde, dann sind die Demokraten fertig, dann seid ihr echte Männer des Volkes, wahre Demokraten, Staatsbürger mit klarem, einsichtsvollem Bewußtsein und mit männlichem entscheidendem Urtheil. Dazu möge der Himmel verhelfen! —

Allein wie unendlich viel gehört noch hierzu. Seht nur, wie Finsterniß, Aberglaube und blinder Wahn überall das arme deutsche Volk gefangen hält. Blickt um euch, ruhig und unbefangen, findet ihr nicht ringsumher, daß die armen Leute in der traurigsten Sclaverei schmachten, in der ihrer eigenen Unwissenheit —? Findet ihr nicht, daß diese oft genug absichtlich von Betrügern vermehrt und ausgebeutet wird? O, Bürger Deutschlands, gegen diese, eure Hauptfeinde, ziehet zu Felde, führt einen erbitterten unversöhnlichen Kampf gegen sie, die eigentlichsten Schmarotzer des Menschengeschlechts. Von Oben herab, von dem Heuchler auf der Kanzel mit dem Ausspruch: „die Wissenschaft muß umkehren," bis zu dem Wunderdoctor im Dorfe, der euch mit Kreidepulver gegen Zahnschmerzen betrügt — schwöret ihnen unerbittliche Feindschaft. Schaut um euch, mit ruhigem, unbeeinflußtem Blicke, in den meisten Fällen wird euch euer natürlicher gesunder Menschenverstand das Wahre vom Falschen, die erhabene Lehre der Religion von der Frömmelei und Heuchelei unterscheiden lehren. —

Am sichersten könnt ihr zur Selbstständigkeit in dieser Beziehung gelangen und euch vor jedem Betruge schützen, wenn ihr die Hülfsmittel benutzt, welche die Wissenschaft euch bietet. Erschreckt nur nicht, meine Freunde, ich will wahrlich keine Gelehrten aus euch machen. Doch, wie gesagt: Wissen macht frei; wißt ihr es aber besser, wie kann da der Betrüger euch in seine Gewalt bekommen, euch knechten? —! Und so gar Manches liegt euch ganz nahe, ist gar nicht so hoch und unerreichbar. Eins will ich euch zum Beispiel hier nur anführen. Es werden täglich in allen Zeitungen Geheimmittel gegen alle nur erdenklichen Uebel angepriesen. Die meisten dieser Sachen sind schon als öffentlicher Betrug aufgedeckt und dennoch dürfen sie noch immer — zur Schande unserer aufgeklärten Zeit — ausposaunt werden. Bedenkt man, welch entsetzlich ruchloser Betrug das ist, der die Schmerzen eines armen Leidenden, vielleicht die letzten paar Groschen eines Verzweifelnden, kalt und habgierig errafft, um sich damit zu bereichern (!!) — dürfen wir da nicht in gerechtem Grimm fragen: warum ist dies bei uns, wo doch die Polizei so gar fürsorglich über allem Volke, über That, Wort, Gedanken und Blicken zu wachen scheint, gestattet; warum wird solch Unfug nicht unterbrückt??— —

Gerade so ist es aber mit Allem, was nicht offen und ehrlich auftritt, sondern geheim und geheimnißvoll das Tageslicht scheut. Wie haben z. B. arglistige Pfaffen die heiligen Lehren der christlichen Religion gemißbraucht und sie, die Liebe, Streben nach Licht und Wahrheit fordert, zu den blutigsten Kriegen, zu Jahrhunderte langer Finsterniß benutzt. Doch wozu soll ich euch dergleichen immer wiederholen? Das Wissen macht euch frei, frei von Abhängkeit und Unselbständigkeit, und dennoch schreien diese Pfaffen: „die Wissenschaft muß umkehren, sonst verdirbt und verkommt die Welt!" — — in Licht und Wahrheit nämlich!

Ja, die Leute werden zu klug und das ist freilich gefährlich genug — doch, glaubt es nur Freunde, für uns selbst noch lange nicht. Freilich wird sich der gereifte, verständige Landwehrmann nicht mehr so ohne Weiteres von dem aufgeblasenen pommerschen Junker schuhriegeln lassen; freilich dürfte es dem hochadligen Schuldner übel ergehen, wenn er den Handwerker, der sein wohlverdientes Geld fordert, wie früher ohne Weiteres die Treppe hinabwerfen wollte. Und so könnten wir noch tausenderlei anführen, das allerdings diese Zeit als eine höchst „gefährliche" und unbequeme erscheinen läßt, in der das Um=

kehren von gar Mancherlei Vielen recht sehr wünschenswerth sein dürfte. Allein, so der Himmel uns günstig ist, geschieht dies nimmermehr. Vorwärts ist die große Loosung, der wir folgen wollen und für unsern Vortheil und unser eigenes Heil folgen müssen.

Seht, wenn nun in einer Stadt ein Theil der Handwerker zu einem Verein zusammentritt, wenn dann dort von gelehrten Männern zweckmäßige Neuerungen vorgeschlagen werden und anderseits die alten Meister ihre Erfahrungen und Ansichten zum Besten geben, so daß ein Jeder sich das für ihn Nothwendige und Zweckmäßige heraus= nehmen und beherzigen kann, wie viel besser kom= men diese dann fort vor jenen, die etwa nicht bei= treten, nicht vorwärts streben wollen —! Wenn ferner bei Gemeindeberathungen, bei öffentlichen Angelegenheiten, bei den Wahlen für die Landes= vertretung auch der schlichte Meister sich klar und bestimmt bewußt ist, um was es sich handelt und was auf dem Spiele steht — ist er da nicht freier, kann er sich nicht in gerechtfertigter Selbstachtung hoch über den erheben, der in erbärmlicher Gleich= gültigkeit und Dummheit für all Dergleichen keinen Sinn hat? — Und wenn euch dann Jemand naht, der euer Vertrauen und euren Geldbeutel zu irgend welchem Zwecke ausbeuten will und ihr könnt das Wahre vom Falschen unterscheiden und seht, daß auch auf euer Urtheil Gewicht gelegt werden muß — ist das kein Vortheil, nichts Schätzens- und Wünschenswerthes? Seht ihr, Freunde, das Alles gewährt euch nur das Eine und wie könnt ihr da schwanken? Nein, nein, ihr werdet eifrig und thatkräftig darnach streben: gute Demokraten zu werden.

8. Fürst und Volk.

"Ich will, daß jeder Bauer Sonntags sein Huhn im Topfe habe," ist der Ausspruch eines edlen Fürsten. Daß derselbe ein französischer gewesen, thut nichts zur Sache. Vergleichen wir mit dieser liebevollen Sorge für das Wohl eines jeden Einzelnen seiner Landeskinder die Gräuel- und Jammerbilder, die erst jetzt mit dem elenden Thrannen von Neapel verschwunden sind, so müssen wir es wahrlich als die größte Wohlthat des Himmels anerkennen, wenn ein weiser und väterlicher Fürst auf dem Throne sitzt.

Ein ernster Mahnruf nach Gerechtigkeit und Freiheit geht jetzt von Land zu Land, durchschallt die ganze Welt. O, möchten die Fürsten ihn doch Alle, Alle beherzigen und die Gewalthaber vor ihm erzittern. Preußens großer Friedrich sagte: ich bin es müde, über Sclaven zu herrschen" — jetzt sind die Völker es müde, sich wie Sclaven knechten und drücken zu lassen. Und wahrlich, wie viel sicherer, mächtiger und freier steht der edle

Landesvater, umgeben von Liebe, Vertrauen und inniger Zuneigung der freien, selbstbewußten und verständigen Staatsbürger da, als der finstere und grausame Herrscher, der im vollsten Glanze seiner unumschränkten, „unantastbaren" Gewalt dennoch vor den Tücken und Ränken seiner kriechenden, sclavischen Unterthanen keinen Augenblick sicher ist. Welch Unterschied, wenn der Eine, begleitet von den Segenswünschen seines beglückten Volkes, unbekümmert und sorgenlos „in Wäldern, noch so groß, sein Haupt kann ruhig legen jedem Landeskind in den Schooß," während der Andere inmitten seiner schwergewaffneten Reisigen dennoch keinen Augenblick sich ruhig und sicher fühlen darf.

Es ist kein bloßer Schein und Schimmer, der die Majestät eines großen volksthümlichen Fürsten umgiebt. Wenn jeder freie denkende Bürger es sich auch selbst sagen muß, daß der Mann auf dem Throne nur ein Mensch ist, ebenso wie er selbst, daß nimmer das Volk des Königs, sondern der König des Volkes wegen da ist, so ergreifen ihn doch unwillkürlich Gefühle der Verehrung, Hingebung und treuen Liebe, wenn er dem naht, dessen ganze Lebensaufgabe es ist, Segen und Glück rings um sich zu verbreiten; der weise und wohlthätig die in seine Hand gelegte Macht zum Heil seines Volkes benutzt. Welche Gefühle ergreifen uns — und wir brauchen uns ihrer nicht zu schämen — wenn ihm alles Volk in wahrem (nicht gemachten) Jubel entgegenjauchzt, wenn greise Männer vor ihm, der vielleicht noch ein Jüngling ist, ehrerbietig die Häupter entblößen, wenn Alt und Jung, Männer, Weiber und Kinder darin wetteifern, ihm ihre Liebe zu beweisen. Ja, das ist eine wahre, erhabene Huldigung, eines großen Fürsten und eines freien Volkes gleich würdig.

Dagegen der Andere! Freilich bringt kein Jammergeschrei zu ihm und belästigt seine „allerhöchsten" Ohren; nein, die vernehmen nur die rauschende Musik der Heerschaaren oder das süßliche Geflüster der kriechenden Speichellecker. Auch schallt ihm Jubel und Enthusiasmus entgegen, doch der ist nur künstlich gemacht — und würde wahrhaftig eben so leicht in das Gegentheil umschlagen. Die Männer, die er achten muß, die stehen ihm finster gegenüber, und wie seine feilen Rathgeber ihn mit Lug und Trug umgeben, so muß er auch bald selbst dazu greifen und durch Gewaltmaßregeln sich das erzwingen, was, wenn er gerecht und menschlich, ihm gern freiwillig gezollt würde.

Die Geschichte von Anbeginn lehrt es, daß die ganze Wohlfahrt eines Volkes fast nur auf seinem sittlichen Zustande beruht, wie das wahre Glück des Einzelnen und Aller ja eigentlich nur in dem moralisch reinen und harmlosen Familienleben liegt; daß aber auch solch wahrer Wohlstand und solch gesegneter patriarchalischer, d. h. dem der Urväter gleicher Zustand, nur in einem Reiche bestehen kann, in welchem der Fürst kein fürchterlicher, Angst und Schrecken erweckender „Kriegsherr," kein über Recht und Gesetz stehender, absoluter — mit unumschränkter, willkürlicher Macht begabter — Selbstherrscher, sondern ein Vater und wahrer Freund seines Volkes ist. Schon Friedrich der Große fügte sich, obwol seine Zeit doch wahrlich eine ganz andere war, dem Ausspruch des Kammergerichts. Darum stand sein Volk aber auch treu und fest zu ihm und ließ ihn nicht im Stiche, so daß er den Kampf aufnehmen und aushalten konnte mit ganz Europa. In unserer Zeit ist es um so trauriger, daß es noch solche Selbstherrscherchens giebt, die Recht und Gerechtigkeit, sowie die Gesetze ihres Ländchens, mit Füßen treten können und dürfen. Am allertraurigsten ist es aber, daß es in unserm Deutschland so erbärmliche, elende Menschen giebt, die im Fall der Noth lieber den fremden Eroberer zur Hülfe rufen würden, als daß sie sich mit Vernunft und Liebe ihrem eigenen Volke zuwenden. O, lebte Der, welcher „der Einzige" genannt wurde, oder erstände plötzlich Einer, der ihm ähnlich wäre, wie würde der die Betrüger und Lügner zum Lande hinauswerfen; wie würde er nach dem erhabenen Grundsatze: „In meinem Lande kann Jeder nach seiner Façon selig werden," Licht und Freiheit,

Wahrheit und Recht schirmen; wie würde er sich an die Spitze Deutschlands stellen und es frei, stark und groß machen und wie würde ihm das ganze deutsche Volk, einig und einmüthig, wie ein Mann, entgegen jubeln —!!

Ja, ja, "Sclave ist, wer Sclaven macht —" und leider haben wir bei uns noch Sclaven genug. Und mit welcher zarten Rücksicht und Schonung werden diese ehrlosen Knechte ihrer eigenen Schlechtigkeit behandelt, wie geht man leise und schmiegsam um das Ziel — Recht und Gerechtigkeit —! herum und wartet und wartet — um ja nicht dem "hohen Bundestage" zu nahe zu treten, um nur ja nicht den Michel im Schlafe zu stören, während die hartnäckigen, dem Volke seine heiligen Rechte vorenthaltenden "Souveräne" (erhabenste und unantastbarste Herrscher) sich noch vorläufig gemüthlich fühlen und sich ins Fäustchen lachen. —

Und wenn man nun gar an diese dänische Geschichte denkt, daß solch Königlein es wagen darf, dem ganzen deutschen Volke gegenüber, die auch von den übrigen großen Mächten garantirten Rechte unserer deutschen Brüder in Schleswig-Holstein schon seit Jahren mit Füßen zu treten, und Tausende der deutschen Männer um Hab und Gut, Freiheit und Leben zu bringen; wenn man bedenkt, daß viele der deutschen Fürsten durch ihre Politik dies gerade begünstigt und das Einschreiten Anderer verhindert haben, daß auch jetzt noch immer und immer gezaubert wird und von den hohnlachenden Dänen die Geschichte nach Belieben in die Länge gezogen werden kann, o dann möchte Einem die Brust zerspringen vor Zorn und bitterm Schmerz über diese Nachlässigkeit und Schlaffheit und über all das Elend und die Schande und Erniedrigung des armen deutschen Volkes —!

O, Freunde, denket dieser meiner Worte als einer Prophezeihung, die gewiß und wahrhaftig in Erfüllung gehen wird. Deutschland wird frei werden, frei, einig und stark, doch leider erst, nachdem die Flammen uns über den Häuptern zusammengeschlagen sind, nachdem wir wiederum der deutschen Uneinigkeit schmerzliche Opfer gebracht haben — Thränen und Blutströme geflossen sind, dann erst werden wir uns wieder ermannen und einig, stark und unwiderstehlich uns erheben und Alles zerschmettern und zermalmen, was mit Lug und Trug, mit List und Gewalt, mit Raub und mit Mord uns bedrückt. Doch früher, bevor wir wieder geschlagen und erniedrigt worden, nein, früher wirds nimmer dahin kommen, daß das deutsche Volk sich dessen bewußt wird, was es eigentlich ist und kann. O, möchte es wenigstens dann schon zur Einsicht kommen, wenn es ernstlich bedroht wird! —

9. Der Edelmann.

Einer meiner Freunde, ein liebenswürdiger junger Mann, aus einer achtbaren bürgerlichen

Familie, hatte mit der Tochter eines hohen Militairs, aus altem hochadligem Geschlecht, ein Liebesverhältniß angeknüpft. Das Fräulein, welches dem jungen Manne von ganzer Seele ergeben war, aber die Vorurtheile ihres Standes kannte, wagte nicht, dem Vater ihr Herz zu öffnen. So entschloß ich mich, einen Versuch zu machen, um von dem alten stolzen, aber gerechten Manne die Einwilligung zu erwirken. Nachdem ich, ein Stündchen guter Laune abpassend, meinen Freund etwas herausgestrichen hatte und wie zufällig die Aeußerung fallen ließ „es sei doch schade, daß er kein Edelmann," ergriff der alte Herr lebhaft meine Hand, schaute mir treuherzig in die Augen und sagte: „**Edelmann, mein Lieber, Edelmann ist Jeder, der edel und rechtschaffen denkt und handelt.**" Und als ich nun, Muth fassend, ihm weiter erzählte, daß seine Tochter und Herr N. sich liebten und der junge Mann nur nicht den Muth habe, bei ihm anzufragen, weil er, wenn auch eine gute Stellung, doch kein großes Vermögen und keinen glänzenden Namen habe, da wurde der alte Mann sehr ernst und blickte eine Weile sinnend vor sich nieder; dann fragte er, mich anschauend, als wolle er in meiner Seele lesen „sind Sie fest davon überzeugt, daß er meine Tochter wirklich liebt, daß nicht das Vermögen und der Rang ihn angezogen hat?" Und als ich dies aus vollem Herzen bejahte und hinzusetzte,

daß dies Beides ihn im Gegentheil nur hätte ab=
schrecken können — da ging er in einer Bewe=
gung, wie ich sie dem starren Aristokraten
gar nicht zugetraut und aus der ich die unendliche
Liebe zu seinem Kinde ermessen konnte, einige Mal
auf und nieder, blieb endlich vor mir stehen und
sagte: „wenn sie ihn ebenfalls liebt, so sollen
sie sich in Gottesnamen haben, denn er gilt in
meinen Augen für einen wahren echten Edelmann."

Freilich giebt es dergleichen Beispiele, auch in
unserer Zeit, nur sehr selten — desto häufiger
aber noch die des Gegentheils. Und wahrlich sie
haben alle Ursache, die hohen Ritter und Junker,
ihr hochgebornes Geschlecht zusammen zu halten,
denn von allen Seiten naht ihnen Verderben.
Wie könnten die aufgeklärten Ansichten, der all=
gemeine Drang nach Wahrheit und Licht, das auch
bis in's ganze Volk bringende Studium der Ge=
schichte und der Naturwissenschaften unserer Zeit
sich noch mit den Vorurtheilen und Vorrechten
der Jahrhunderte der Lüge, des Aberglaubens
und der schwarzen geistigen Nacht vertragen? Ja,
ja, sie haben alle Ursache, die Ritter, fest zusam=
men zu halten und adlige Trinkstuben zu eröffnen,
damit sie wenigstens beim süßen Wein ihr edles
Bewußtsein bewahren.

Doch sehen wir ab von dergleichen. Der
deutsche Adel ist — mit Ausnahme der hinterpom=
merschen Kreuzritter und dergleichen — im All=

gemeinen ein ehrenwerther Stand, ein großer Theil desselben meint es aufrichtig und treu mit der heiligen Sache des Vaterlandes und beginnt immer mehr einzusehen, daß der wahre Adel allein in der Reinheit und Rechtschaffenheit des Charakters liegt. Darum wollen wir uns auch wahrhaftig nicht von vornherein den Leuten mit dem Wörtchen „von" feindlich gegenüberstellen, sondern ihnen aus vollem Herzen die Bruderhand reichen, wenn sie auf unserer Seite stehen.

Unversöhnlichen Haß und Feindschaft dagegen den undeutschen Aristokraten, deren „edle" Gesinnung dennoch kein Mittel gegen uns, selbst den Verrath des Vaterlandes nicht scheuen würde. — Ebenso, wie wir diese Elenden verachten und verabscheuen, wollen wir selbst danach streben, dem Ideal, das heißt, der Vorstellung von rechten Männern, in des Wortes wahrster Bedeutung zu gleichen — selbst echte deutsche Edelleute, d. h. Ehrenmänner zu sein. Nur dann dürfen wir uns über die Kreuzritter erhaben fühlen und auf sie als die richtigen „Canaillen" herabblicken.

Wenn einst den Thron des Fürsten lauter wahre Edel- und Ehrenmänner umgeben, wenn ohne Unterschied des Wortes, „Von" nur Der vorgezogen wird, dessen Einsicht die richtigste und dessen Rathschläge die weisesten, wenn es nimmer unter der Umgebung des Fürsten, in der Landesvertretung, unter den Gesetzgebern und Voll-

ſtreckern, irgend Jemand giebt, der abſichtlich dem
Guten wiederſtrebt, dann erſt wird das Wort
Edelmann wieder zur wahren Bedeutung kommen
und zwar ohne alle Von's, Bei's und Zu's. So
weſentlich verſchieden beide Begriffe nach der
Anſicht der Ariſtokraten auch ſein mögen, ſo
müſſen für uns die beiden Worte, Edelmann
und Demokrat, doch ganz gleichlautend ſein.
Soll es einen höheren Stand im Leben geben,
ſo muß es derjenige ſein, der in die Fußtapfen
des Weltheilands tritt, ſeine Lehre verbreitet und zur
Wahrheit zu machen ſucht und bereit iſt, für das Heil
der Brüder zu leiden und zu ſterben. Doch nein,
keinen beſondern Stand ſollen die Demokraten
bilden, „ſie ſollen ihr Licht leuchten laſſen vor
den Leuten" und aus dem Volke, mitten in dem=
ſelben, auf das Volk wirken, ſo daß daſſelbe ſie
verſtehen, ihnen nachſtreben und folgen kann. —

Wirft mir Jemand vor, daß ich zu weit gehe,
indem ich den Inhaber eines Stammbaumes mit
ſo und ſo viel Ahnen, eines durch Jahrhunderte
„rein und unbefleckt erhaltenen" Namens und vieler
Reichthümer auf gleiche Stufe ſtelle mit dem ar=
men Teufel, der Nichts ſein nennt, als ein bra=
ves rechtſchaffenes Herz und das redliche Streben,
Gutes zu wirken, ſo viel er es vermag? Aber
bedenkt nur, meine Freunde, wie unendlich höher
der Letztere ſogar ſteht, wenn er, mit der Noth
und dem Elend des Lebens kämpfend, dennoch

Gutes wirkt, während der Andere, im Genusse aller Glücksgüter sich träge auf seinem Pfühl wälzend, darin etwas sucht, nichtachtend und geringschätzend jedes bessere Gefühl in sich selbst zu unterdrücken und zu ertödten. Diesen Zustand nennt man, nach der Mode unserer Zeit „blasirt" und dieser elenden Blasirten giebt es unter den Hohen, Reichen und „Vornehmen" leider nur zu viele. Ja, sie sind so erbärmlich, daß wenn sie es zu dieser Stufe des vollkommenen geistigen Todes, der kläglichsten Verkommenheit der Seele nicht bringen können, wenn sich, trotz alles Widerstrebens, dennoch immer noch etwas Besseres (Deutsches) in ihrem Innern regt, sie dies mit Gewalt unterdrücken und sich wenigstens blasirt stellen. Und nun folgert weiter, was läßt sich von diesen Leuten erwarten, wenn wieder eine traurige Zeit über uns hereinbricht, wenn die Gewalthaber des Westens und Ostens sich gegen uns verbünden, uns mit Krieg überziehen, um uns in unsere „natürliche Grenzen" zu drängen, oder gar ganz unter sich einzutheilen —? Werden aus diesen Schwächlingen dann **Männer** werden? Wahrlich nicht, trotz ihrer Stammbäume und aller ihrer Ahnen.

10. Jeder Arbeiter ist seines Lohnes werth.

Es giebt unendlich viele brave, von Morgens früh bis Abends spät thätige Männer, die sich nimmer ihres wohlverdienten Lohnes erfreuen können, sondern mit Weib und Kind im bittern Elend schmachten.

Fragen wir uns: woher kommt das? Der Ursachen sind gar mancherlei.

Der kleine Handwerker hat kein Kapital in den Händen, er kann es dem großen nicht einmal annähernd gleichthun, er muß das Wenige, was er kauft, theuer bezahlen und bekommt noch dazu schlechtere Waare. Und den Fabriken gegenüber kann er gar nicht aufkommen, sondern sinkt zum gewöhnlichen Tagearbeiter herab. Von dem einfachsten richtigsten Grundsatze ausgehend, daß viel Kleines endlich ein Großes überwiege und daß Vereinigung und Einigkeit vieler Armen denselben die Macht und und den Vortheil des großen Reichen gewähre, hat einer der intelligentesten und strebsamsten Männer unserer Zeit — der preußische Abgeordnete Schulze-Delitzsch — schon unendlich viel Gutes gewirkt. Seht, meine werthen Zuhörer, das ist ein wahrer Demokrat, ein Freund des Volkes, der sein Leben, sein ganzes Ziel und Streben an die schöne — aber weiß Gott, nicht leichte — Aufgabe gesetzt hat, seinen armen und ärmsten Mitmenschen zu Glück und Wohlergehen zu verhelfen. — Er sucht vor allen Dingen die Handwerker von der grundfalschen Ansicht zurückzubringen, daß sie Hülfe in ihrer bedrängten Lage von irgend welcher fremden Seite zu erwarten haben und führt sie mit Ueberzeugung und — Gott sei Dank! — glänzendem Erfolg auf das Prinzip der Selbsthülfe, das heißt darauf hin, daß sie nur allein im geschlossenen festen Zusammenhalten und thätiger eigener Entwickelung ihr Heil zu erwarten haben. Der klarste Beweis für die Wahrheit und Wohlthätigkeit seiner Lehren liegt in dem Beispiel, wie leicht es Jedermann wird, in guten Tagen, bei Gesundheit und Arbeitsfülle, eine Kleinigkeit in eine gemeinschaftliche Kasse zurückzulegen und wie segensreich dieser Nothpfennig in der Zeit der Bedrängniß werden kann. Nicht wahr, meine Freunde, die Richtigkeit dieses Hülfsmittels seht ihr Alle klar ein und gebt mir auch zu, daß wollte man so, für sich, in guter Zeit sparen und etwas für den Nothfall zurücklegen, daraus unter hundert Fällen in neunundneunzig doch nichts werden würde. Ferner müßt ihr auch wol einsehen, daß wenn eine Anzahl Handwerker — oder Andere, sich zu gegenseitiger Selbst- und Aushülfe fest verbunden haben, gleichsam Freude und Leid mit einander theilen und darauf gefaßt sind, in Unglücksfällen nicht Hülfe von auswärts, von dem Staate, oder von reichen Leuten zu erwarten — oft genug vergeblich — sondern sich gegenseitig selbst zu stützen und aufrecht zu erhalten: daß sie dann in jedem Falle besser fortkommen, weniger dem Untergange Preis gegeben sind. Und wenn nun, drittens, ein solcher Verein in vernunftgemäßem Vorwärtsschreiten alle die Hülfsmittel benutzt, die Wissenschaft und Kunst ihm bieten, wenn er in seiner Gesammtheit sich ebenfalls die Vortheile zu verschaffen sucht, die dem großen reichen Geschäftsmanne und den Fabriken zu Gebote stehen, haben die Mitglieder dieser Gesammtheit nicht weit mehr gegründete Ursache, mit vollster Ruhe der Zukunft entgegenzugehen und dürfen sie nicht die Hoffnung und feste Zuversicht hegen, daß sie sich zu genügsamem Glücke und Wohlhabenheit hinaufschwingen können? —! Seht, Brüder, in diesen wenigen Punkten liegen die ganzen unendlich segensreichen Lehren des Volksfreundes Schulze=Delitzsch.

In größeren Städten sind dergleichen Vereine jetzt fast überall ins Leben getreten, was aber haben dagegen die kleineren Orte und das platte Land? Wie ist hier zu helfen und wie könnte man die Allerbedürftigsten auch solcher Wohlthaten theilhaftig machen? Hier und da sind freilich Sparkassen errichtet, doch nur sehr vereinzelt und andrerseits gehört dazu auch noch sehr, sehr viel, bevor der arme Arbeiter den Segen solcher Anstalten einsehen lernt und ihn zu benutzen vermag.

Wie wohlthätig könnten hier die Gutsbesitzer, die Dorfschulzen und die Lehrer wirken! Man versuche es nur und führe den allerniebrigststehenden rohen Menschen darauf, daß das einzige und rechte Glück des Lebens nicht in wüsten Leidenschaften, Trunk, Kartenspiel und Raufereien liegt, sondern daß ein gesittetes Familienleben, der Erwerb eines, wenn auch nur ganz kleinen, Eigenthums und der Ertrag seiner Arbeit — bei dem er dann aber auch mit mehr oder minder großem Antheil betheiligt sein muß — ihm ganz andere Freuden und ruhiges Wohlsein zu gewähren vermag, und man wird in vielen, ja in den meisten Fällen einsehen, daß für dergleichen Niemand, auch der Einfältigste, ganz gleichgültig sein kann. — Die entsetzliche Roheit, Verderbtheit und das sittliche und körperliche Elend ihrer Untergebenen liegt großentheils an der Gleichgültigkeit oder Habsucht oder gar Absichtlichkeit der Grundbesitzer und vornämlich an der mangelhaften Einrichtung der Schulen.

Bedenkt es doch, ihr Großen und Reichen, was für eine furchtbare Verantwortung ihr da auf eure Schultern ladet! Bedenkt es, daß auch der allerschmutzigste, elendeste Bettler vom Himmel eine unsterbliche Seele empfing, die fähig zu Höherem und Edlerem ist und die vielleicht durch eure Schuld zu Grunde gegangen!! Doch ich will wahrlich hiermit nimmer Anlaß geben zu neuen Bekehrungsversuchen und Anstrengungen, wenn auch gutmeinender, frommer Frauen und Betbrüder. Dergleichen bringt, in der unsinnigen Weise, wie es gewöhnlich getrieben wird, nur Unheil und Verderben. Dagegen fordere ich von den Männern und wahren Priestern, daß sie vor Allem dahin wirken, daß Jeder, auch der Geringste, sich dessen bewußt wird, daß er **Mensch** ist und **was er als solcher für Rechte und Pflichten hat!** Ja, man strebe und wirke dahin, daß jeder Mensch den wahren Stolz und die Selbstachtung in der Brust trage, die allein ihn befähigen, sich über das ihn umgebende Vieh erhaben zu fühlen und höher hinauf zu streben. Alles Uebrige wird sich dann schon von selbst finden.

Menschen sein, im wahrsten und edelsten Sinne des Wortes, das ist das Höchste, was wir zu erstreben vermögen, an uns selbst und an unserm Nächsten. O, ist das nicht ein unendlich erhabenes Ziel, wenn wir es auch nur dahin bringen, daß jeder Einzelne in unserer Umgebung, auch der Allervernachlässigste, klar und bestimmt das Gute vom Bösen, das Recht vom Unrecht zu unterscheiden vermag? In manchen Fällen hilft den Leuten ihr natürlicher Verstand, doch wie viel verworrene Begriffe, wie viel Aberglauben und widersinnige, aller Menschlichkeit hohnsprechende Lehren sind nicht absichtlich ausgestreut worden und leider nur zu sehr ins Fleisch und Blut übergegangen. Diese Finsterniß, diese Vorurtheile aufzuklären, auszurotten und zu bekämpfen, sei fortan unser ernstliches Streben.

11. Der deutsche Kaiser.

Neununbzwanzig deutsche Fürsten, fast alle edelsten und größten Männer und das gesammte deutsche Volk, fast ohne Ausnahme, hatten freudig ihre Zustimmung gegeben und dennoch wurde die deutsche Kaiserkrone zurückgewiesen — dennoch folgten die Tage von Olmütz, folgte die Zeit der Schmach und Erniebrigung. O armer, armer König, der du das beste und edelste Herz in der Brust trugst, aber leider nicht Kraft genug hattest, dem für dein Volk so warm schlagenden zu folgen — wie übel warst du berathen! Wäre dein großer Vorfahr an deiner Stelle gewesen, er hätte sicher, wie das volle Herz eines jeden deutschen Mannes, des Fürsten wie des Bürgers, so auch das ganze große Land sein eigen genannt. Und wahrlich, ohne einen einzigen Tropfen Bürgerblut zu vergießen, ohne das Schwert auch nur ziehen zu müssen. Welche finstere Macht, welcher Dämon hätte da widerstreben können und wollen, wenn die heilige Flamme der Liebe und Begeisterung des ganzen Volkes den Thron des neuen Kaisers umglühte und die heiligsten Wünsche und Hoffnungen der deutschen Männer mit seinem Grundpfeiler eng verbunden waren —?!

Lassen wir jedoch die traurige Vergangenheit und nehmen wir alle unsere Thatkraft zusammen, um die Bedeutung unserer Zeit ganz zu erfassen und ihren hohen Bestrebungen uns anzuschließen. Die unendlichen Vortheile, die heiligsten Güter und Rechte, deren das deutsche Volk sich dann erst erfreuen kann, wenn es einig, stark und frei dasteht, habe ich euch, Freunde, genugsam erläutert. Jeder denkende Mann wird es zugeben müssen, daß wir nimmer früher zu der Stellung und dem Ansehen eines einzigen großen Volkes gelangen können, bevor wir eine Centralgewalt an der Spitze haben, d. h. bevor wir eine kräftige Macht haben, unter deren Willen und Anführung sich alle Fürsten und alles Volk willig und freudig fügen und fügen müssen. Diese, auf den Schultern des jubelnden, beglückten Volkes, sowie der einsichtsvollen und wohlmeinenden Fürsten ruhende oberste Gewalt, die uns erst allein den andern starken Nachbarländern ebenbürtig und ebenmächtig zur Seite stellt, suchen wir in dem deutschen Kaiser. —

Ohne Zweifel ist jeder verständige, es aufrichtig und treu meinende deutsche Mann hierin mit uns einverstanden — nur über das Wie, über den Weg zu diesem höchsten Ziele können die Meinungen noch verschieden sein. Soll denn aber deshalb, weil der Eine meint, der deutsche Kaiser sollte Dieser, und der Andere, es dürfe nur Jener sein, deshalb, weil man über die Förmlichkeiten noch nicht einig ist, wiederum die günstige Zeit verzaubert und in leeren Klaubereien vergeudet werden??

O, Männer Deutschlands, lasset euch warnen, ihr habt lange, lange Jahre zum Besinnen und Ueberlegen gehabt, jetzt handelt! handelt! Ja noch ein Mal — vielleicht nie, nie wieder — ist die Einigung ganz Deutschland's möglich, die Einigung in einem Gedanken, in einem Werke, in einer Person. O, wehe uns! Wenn wir diesen Zeitpunkt ungenützt vorüber gehen lassen, könnten wir nimmer das Verlorene zurückholen — wir würden wieder zurücksinken in Nacht und arge Thrannei.

Auf! Auf! darum ihr Deutschen! An euch Alle, Alle mögen diese Worte gerichtet sein und nimmer verhallen, mögen, wie rollender Donner in eure Ohren schallen und tief, tief in euren Herzen ihren Wiederhall finden! Auf! rüttelt euch aus dem Schlafe, erhebt euch Alle, Millionen wie ein Mann! Es gilt dem größten Werke unserer Geschichte, es gilt dem Allerheiligsten, für das schon unsere Urväter gekämpft und geblutet, es gilt der Einigkeit und Freiheit Deutschlands.

Nur einen sichern Weg giebt es, dahin zu gelangen. Es ist das deutsche Volksparlament, die Zusammenberufung der Volksvertreter, welche das ganze Wohl und Wehe des deutschen Volkes berathen sollen. Vereinigt euch, meine Brüder, Alle, Alle, Hoch und Gering, Arm und Reich, denn diese Forderung ist wichtig, die wichtigste und nothwendigste unserer Zeit!

Wir dürfen es keinen Augenblick außer Augen setzen, daß nur **ein Ziel**, nur **ein Zweck** zu erreichen ist, und erreicht werden **muß**: der, daß **Deutschland einig, stark** und **frei** werde!! Und hierauf dürfen wir nur dann hoffen, wenn unser schönes Vaterland einen mächtigen Kaiser hat, der mit milder väterlicher Gesinnung seinem Volke ein wahrer Freund und ein starker, kräftiger Hort zugleich ist, denn dann erst wird es geachtet und achtunggebietend in der Reihe der mächtigsten Nationen der Welt dastehen und nimmer über die Neujahrsrede irgend eines Emporkömmlings mehr zu erschrecken brauchen. Dann erst wird auch das Ideal einer stolzen deutschen Flotte verwirklicht werden, die seine Küsten schützt, so daß Handel, Industrie und Ackerbau mächtig ihre Häupter erheben und das ganze deutsche Volk sich des Wohlstandes und der Wohlfahrt wahrhaft erfreuen kann, deren es nach seinen großen Tugenden würdig ist. —

Dazu möge uns der Himmel bald verhelfen.